芜湖老照片

WUHU LAO ZHAOPIAN

芜湖市住房和城乡建设局
芜湖市档案馆
中共芜湖市委党史和地方志研究室
芜湖市城市建设档案馆

编

安徽师范大学出版社
ANHUI NORMAL UNIVERSITY PRESS

·芜湖·

图书在版编目(CIP)数据

芜湖老照片 / 芜湖市住房和城乡建设局等编. — 芜湖:安徽师范大学出版社,2023.12
ISBN 978-7-5676-6510-1

Ⅰ.①芜… Ⅱ.①芜… Ⅲ.①芜湖—地方史—摄影集 Ⅳ.①K295.43-64

中国国家版本馆CIP数据核字(2023)第215596号

芜湖老照片

芜 湖 市 住 房 和 城 乡 建 设 局
芜 湖 市 档 案 馆
中共芜湖市委党史和地方志研究室 ◎编
芜 湖 市 城 市 建 设 档 案 馆

策划编辑:张奇才
责任编辑:桑国磊　张德宝
责任校对:丁　立
装帧设计:王晴晴
责任印制:桑国磊
封面插图:姚和平
出版发行:安徽师范大学出版社
　　　　　芜湖市北京中路2号安徽师范大学赭山校区
网　　　址:http://www.ahnupress.com/
发 行 部:0553-3883578　5910327　5910310(传真)
印　　刷:安徽联众印刷有限公司
版　　次:2023年12月第1版
印　　次:2023年12月第1次印刷
规　　格:889 mm ×1194 mm　1/16
印　　张:12.25
字　　数:75千字
书　　号:ISBN 978-7-5676-6510-1
定　　价:189.00元

凡发现图书有质量问题,请与我社联系(联系电话:0553-5910315)

前　言

1876年，芜湖开埠通商，由此成为长江中下游地区重要的港口城市。历经岁月的洗礼，芜湖孕育了特有的历史文化和一往无前的创新精神。

改革开放以后，芜湖基础设施越来越完善，工业门类越来越丰富，第三产业越来越繁荣，城市发展日新月异。如今的芜湖，已经迈进了一个崭新的时代。

然而，芜湖是从旧中国走过来的，当年的城市建设还非常落后，这在《芜湖老照片》中多有实景画面。

二十世纪五六十年代，城建部门工作人员拍摄了一些城市面貌以及基础设施建设和改造的瞬间，留下了许多珍贵的历史镜头。放眼望去，当年镜头里的茅草屋不见了，取而代之的是崭新的高楼大厦和成片的居民小区；当年镜头里逼仄的小路不见了，映入眼帘的是宽阔的林荫大道和滚滚车流。

怀着直观芜湖百年容颜的期冀，我们经过收集、归类，共整理出500余帧内容广泛的芜湖老照片，并从中精心甄选出300余帧图片编辑成册。这本影集既是难得一见的地情资料，也是不可多得的一份文化资源。

全书分为"江城变迁""基础建设""城市记忆""工商履痕"四个部分，从二十世纪初到二十世纪末，纵向记录了芜湖百年之蜕变。

第一部分"江城变迁"多为档案馆馆藏图片，分为古城旧貌、沧桑巨变、鸠兹新颜三个板块，真实、客观地记录了芜湖城市规模逐步发展的显著变化。第二部分"基础建设"多为城建部门工作人员拍摄的道路、桥梁、防洪工程等设施的建设场景。我们从中可以看到城区的许多基础设施从无到有,一步步建设起来的历史瞬间。这些设施不仅完善了城市交通,改善了市容市貌,而且推动了城市的快速发展。第三部分"城市记忆"分为古建遗影、西洋建筑、文教卫体、风光览胜四个板块。这部分内容广泛,视角独到,从多方面记录了芜湖的多元历史文化风貌。第四部分"工商履痕"分为工业掠影、商业兴盛两个板块。虽因图片有限,不能反映芜湖工商业的发展全貌,但也可以从中窥视"皖之中坚"的内涵所在。

《芜湖老照片》是对城市影像的真实记录,是讲好"人民城市人民建,人民城市为人民"故事、不断提升芜湖知名度和美誉度的珍贵素材,具有重要的史料价值和教育意义。

以史为鉴可以知兴替,反观昨天是为了倍加珍惜今天。希望《芜湖老照片》能进一步激发全市人民为城市建设做贡献的热情,鼓舞全市人民打造省域副中心的斗志,为创建历史文化名城而书写更加绚丽的新篇章。

编 者

2023年11月16日

目　录

江城变迁

　　芜湖地处长江、青弋江的交汇处,1876 年开埠后,成为长江中下游地区重要的港口城市,也是安徽近代工业的发祥地之一。大量照片呈现了当年千帆竞发、百舸争流、城楼高耸、埠店林立的图景。然而,旧中国积贫积弱,特别是抗日战争时期,芜湖遭受重创,百废待兴。

　　中华人民共和国成立后,芜湖人民意气风发、艰苦创业,短短几十年间,把千年古城建设成长三角具有重要影响力的现代化都市。

古城旧貌

1-1-1

1-1-1　20世纪初,江岸一带城市风貌,图片中间最高的建筑为天主堂

1-1-2

1-1-3

1-1-2　20世纪初,中江塔旧貌,图片中白色两层建筑为芜湖救生局
1-1-3　20世纪初,位于长江和青弋江交汇处的关门洲及附近风貌

1-1-4

1-1-5

1-1-4、1-1-5

1920年代，古城南门——长虹门

1-1-6

1-1-7

1-1-6　20世纪初,城区风貌,图片中间远处为中江塔,右侧山上建筑为范罗山英驻芜领事署

1-1-7　1932年,城区风貌,图片中由近到远的三处较高建筑物分别为广济寺塔(赭塔)、明远电厂烟囱、中江塔

1-1-8

1-1-8　1930年代,从赭山上鸟瞰芜湖城区

1-1-9

1-1-10

1-1-11

1-1-9、1-1-10

20世纪初,陶塘(今镜湖)

1-1-11　1929年,陶塘周边风貌,图中可见湖岸周边建有大量民居

1-1-12

1-1-12　1929年,陶塘周边风貌,图中较高建筑物为明远电厂烟囱,远处山丘为赭山

1-1-13

1-1-14

1-1-13　1910年代,赭山脚下的广济寺
1-1-14　1920年代,青弋江上的老浮桥(又称"老虎桥")

1-1-15

1-1-16

1-1-15　1930年代,大马路(今中山路)街景
1-1-16　1930年代,四平路(今新芜路),图中较高建筑为万安救火会

1-1-17

1-1-18

1-1-17,1-1-18
1946年,由美国生活杂志摄影记者德米特里·凯塞尔拍摄的芜湖城区图

1-1-19

1-1-19　1946年,由美国生活杂志摄影记者德米特里•凯塞尔拍摄的芜湖城区图

沧桑巨变

1-2-1

1-2-1 1960年代，青弋江江边风貌，图中可见加固后的青弋江北岸大堤

1-2-2

1-2-2　1960年代,青弋江江边码头停泊大量船只

1-2-3

1-2-3　1950年代,中山路街景,图中可见中国人民银行

1-2-4

1-2-5

1-2-4　1950年代，中山路上行驶的1路公交车
1-2-5　1960年代，拓宽后的中山路

1-2-6

1-2-6 1960年代,中山路街景,右上侧为公私合营太平洋照相馆

1-2-7

1-2-7 1960年代,中山路街景,中间建筑为长江照相馆

1-2-8

1-2-9

1-2-8　1950年代,北京路上行驶的1路公交车
1-2-9　1950年代,北京路上的游行队伍

1-2-10

1-2-10　1950年代，北京路街景

1-2-11

1-2-12

1-2-11　1950年代,北京路与中山路交叉口

1-2-12　1960年代,北京路上的粮食大楼

1-2-13

1-2-14

1-2-13　1950年代,劳动路(今中山北路)街景,远处为明远电厂
1-2-14　1960年代,劳动路街景,图中较高建筑为劳动剧场

1-2-15

1-2-16

1-2-15　1950年代，新芜路上的公私合营大姓门市部
1-2-16　1950年代，新芜区政府门前的繁忙景象

1-2-17

1-2-17　　1960年代,花津路街景,左侧建筑为市工商业联合会

1-2-18

1-2-19

1-2-18　1950年代,上河沿街景
1-2-19　1950年代,修建中的石桥港路

1-2-20

1-2-20　1950年代，下长街风貌

1-2-21

1-2-22

1-2-21　1950年代,中二街街景,右侧为同庆楼大菜馆
1-2-22　1950年代,进宝街街景,右侧可见"赵源生"剪刀的招牌

1-2-23

1-2-23　1950年代,进宝街保险公司

鸠兹新颜

1-3-1

1-3-1　1980年代，城区航拍图

1-3-2

1-3-2　1980年代,青弋江两岸航拍图

1-3-3

1-3-4

1-3-3　1980年代,中江桥及青弋江两岸鸟瞰图

1-3-4　1990年代,城区及长江鸟瞰图

1-3-5

1-3-6

1-3-5　1990年代,城区鸟瞰图,左下方建筑为工人文化宫
1-3-6　1990年代,青弋江与长江交汇口

1-3-7

1-3-8

1-3-7　1990年代,青弋江两岸风貌,由近到远桥梁分别为花津步行桥、中江桥、弋江桥

1-3-8　1990年代,镜湖沿岸高楼林立

1-3-9

1-3-9 1990年代，沿长江一带城市风貌，图中较高建筑为新百大厦

基础建设

　　为了加速经济发展，促进城市繁荣，从1951年开始，芜湖先后拓宽了中山路、北京路等多条老路，1957年后又陆续新建了劳动路、九华山路等多条交通干道。1954年，芜湖遭受特大洪涝灾害。为了防灾减灾，保障人民生命财产安全。1955年，芜湖又于长江沿岸修筑了防洪墙。所有这些基础设施的建设，无疑都大大提高了市民生活质量，保障了城市的可持续发展。

　　桥梁建设方面，新中国成立之前，青弋江上仅有一座浮桥，称为"老虎桥"，且过船不通、发水亦不通，使市民常常望河兴叹。1951年，中山桥建成通车，1959年、1984年、1991年、1996年，弋江桥、中江桥、袁泽桥、花津桥又相继建成开通。这些新建的桥梁犹如长虹卧波，极大地改善了城市交通和市民出行情况。

　　抚今追昔，不禁让人感慨万千。

通衢广陌

2-1-1

2-1-2

2-1-1　1951年,中山路进行改造,改造后的中山路是芜湖的第一条水泥路
2-1-2　1951年,改造中的中山路与芜湖市妇幼保健院

2-1-3

2-1-4

2-1-5

2-1-6

2-1-3、2-1-4、2-1-5、2-1-6
1957年,北京路拓宽改造为混凝土水泥路面

2-1-7

2-1-7　1957年,拓宽改造中的北京路

2-1-8

2-1-9

2-1-8、2-1-9
1958年,拓宽改建中的劳动路

2-1-10

2-1-11

2-1-10、2-1-11

1958年,工业干道(今长江北路)开工建设,建成后的工业干道为当时贯通市区与四褐山工业区的主要道路

2-1-12

2-1-13

2-1-14

2-1-15

2-1-12、2-1-13

1950年代,道路建设中使用的打夯机

2-1-14　1950年代,道路建设中使用的自制平整机

2-1-15　1950年代,道路建设中使用的自制切割机

2-1-16

2-1-17

2-1-16　1950年代，道路修建中使用的路面撒灰机
2-1-17　1950年代，道路修建中使用的路面清扫机

2-1-18

2-1-18　1950年代,道路修建中使用的路面洒水车

2-1-19

2-1-20

2-1-19　1950年代,道路建设中使用石碾制作混凝土
2-1-20　1950年代,道路建设中使用的自制混凝土搅拌机

2-1-21

2-1-21　1980年代,九华山路与赭山路交叉口附近风貌,中间为五一广场大转盘

2-1-22　1986年,五一广场落成,九华山路与赭山路路口形成环形通道

2-1-22

2-1-23

2-1-24

2-1-23、2-1-24
1980年代,中山路街景

2-1-25

2-1-26

2-1-25　1990年代,中山路街景,右侧为建设中的大众影都
2-1-26　1990年代初,中山路街景,此时梧桐树已被全部移除

2-1-27

2-1-27　1990年代初,北京路街景,中间建筑为邮电大楼

2-1-28　1990年代初,北京路街景,中间建筑为芜湖饭店

2-1-28

2-1-29

2-1-30

2-1-29 1990年代初,北京路与九华山路交叉口,图中建筑为一建二工区办公楼

2-1-30 1990年代初,团结路与长江路交叉口,中间建筑为望江楼

2-1-31

2-1-32

2-1-31　1990年代初,北京路改造
2-1-32　1990年代,新市口大转盘改造

2-1-33

2-1-33　1990年代,长江路改造

2-1-34

2-1-35

2-1-34　1990年代末,九华山路改造

2-1-35　1990年代,劳动路改造

2-1-36

2-1-36　1990年代, 新芜路改造

2-1-37

2-1-38

2-1-37　1990年代,改造后的延安路(今银湖中路)街景
2-1-38　1990年代,改造后的沿河路街景

2-1-39

2-1-39　1990年代,和平广场

长虹卧波

2-2-1

2-2-2

2-2-1、2-2-2
1953年4月10日，中山桥建成通车，这是芜湖市青弋江上第一座钢筋混凝土桥梁

2-2-3

2-2-3　1958年,建设中的弋江桥

2-2-4

2-2-5

2-2-4、2-2-5
1959年4月18日，弋江桥建成通车

2-2-6

2-2-6　1959年,重建青弋江铁桥

2-2-7

2-2-8

2-2-7、2-2-8
1959年,砻坊路附近的青弋江铁桥

2-2-9

2-2-10

2-2-9　1982年10月，中江桥动工建设

2-2-10　1984年5月1日，中江桥建成通车

2-2-11

2-2-11　1990年代初,中江桥

2-2-12

2-2-13

2-2-12、2-2-13
1991年11月30日,袁泽桥建成通车,这是当时横跨青弋江上最大、最长的一座桥

2-2-14

2-2-15

2-2-14、2-2-15

1993年,花津路步行桥建成

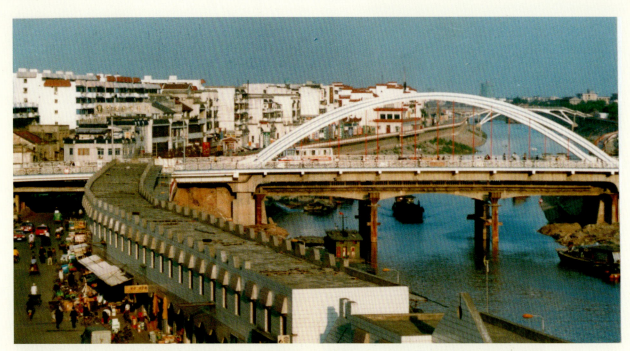

2-2-16

2-2-17

2-2-16、2-2-17
1998年10月，改建后的中山桥

2-2-18

2-2-18　1998年,建设中的芜湖长江大桥

2-2-19

2-2-20

2-2-19、2-2-20

2000年9月30日,芜湖长江大桥建成通车,是当时国内跨度最大的公铁两用桥梁,被誉为"世纪金桥"

昔日交通

2-3-1

2-3-1　1933年6月24日，京芜公路（南京至芜湖）竣工，举行通车典礼

2-3-2

2-3-2　1934年,芜乍铁路(芜湖至乍浦)芜湖总站,是芜湖最早的火车站

2-3-3

2-3-4

2-3-5

2-3-3　1950年代,芜湖客运汽车,汽车尾部安装以木炭为原料的煤气发生炉,代替汽油燃烧推动发动机运转

2-3-4　1953年9月,第1条公交线路开通,芜湖成为安徽省第1个运营公交线路的城市,图片为公交车行驶在北京路上

2-3-5　1957年,道路上行驶的公交车,图中建筑为正在建设中的市工商业联合会大楼

2-3-6

2-3-7

2-3-6、2-3-7
1958年,武汉火车轮渡整体搬迁至芜湖,开启了芜湖江上火车轮渡时代,图为芜湖火车轮渡通航典礼

2-3-8

2-3-9

2-3-8、2-3-9
1960年代，芜湖汽车站

2-3-10

2-3-11

2-3-10　1980年代,芜湖火车西站鸟瞰图
2-3-11　1990年代,芜湖火车西站

2-3-12

2-3-13

2-3-12、2-3-13
1992年,芜湖火车站

2-3-14

2-3-15

2-3-14　1993年4月29日,联航机场建成并开通芜湖至北京航线,图片为芜湖联航机场候机楼

2-3-15　图为北京至芜湖首航班机抵达芜湖

2-3-16

2-3-16　1990年代,汽车轮渡码头

2-3-17

2-3-17　1990年代,芜湖港客运码头

抗洪防汛

2-4-1

2-4-1　1954年,洪水中的芜湖城区,
中山桥桥面几乎与洪水齐平

2-4-2　1954年,中山路可以行驶木船

2-4-2

2-4-3

2-4-4

2-4-5

2-4-3、2-4-4、2-4-5
1954年,新市口开展抗洪抢险

2-4-6

2-4-7

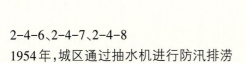

2-4-8

2-4-6、2-4-7、2-4-8
1954年,城区通过抽水机进行防汛排涝

2-4-9

2-4-10

2-4-11

2-4-12

2-4-9、2-4-10、2-4-11、2-4-12
1955年,修建中的青弋江北岸防洪堤

2-4-13

2-4-14

2-4-15

2-4-16

2-4-13、2-4-14、2-4-15、2-4-16
1955年,修建中的长江防洪墙

2-4-17

2-4-18

2-4-19

2-4-17、2-4-18、2-4-19
1956年,建设中的陡门巷排水工程

2-4-20

2-4-21

2-4-22

2-4-20、2-4-21、2-4-22
1956年,建设中的石桥巷排水工程

2-4-23

2-4-24

2-4-23　1950年代,修建中的陶沟排水泵站
2-4-24　1950年代,修建中的金马门排水泵站

2-4-25

2-4-26

2-4-25、2-4-26
1990年代,建设中的青弋江防洪墙

2-4-27

2-4-28

2-4-27　1995年,城区完成中江塔至弋江桥段多功能防洪墙建设
2-4-28　1998年,多功能防洪墙成功抵御长江特大洪水

城市记忆

20世纪50年代到60年代，短短的十多年间，工人文化宫、和平大戏院、大众电影院、百花剧场、劳动剧场等文艺演出场所如雨后春笋般拔地而起。一批学校、医院、公园等公共场所也相继投入使用，城市的服务功能因此上了一个新台阶，城市面貌也随之焕然一新。

这一章节还收录了多幅古典建筑和近代西洋建筑的图片，这是古城芜湖有别于其他城市的特殊文化符号。可谓：极目青山水碧，尽览今痕古迹。

古建遗影

3-1-1

3-1-2

3-1-1　20世纪初,广济寺和赭塔,左侧上方建筑为皖江中学堂

3-1-2　20世纪初,广济寺和赭塔

3-1-3

3-1-3 20世纪初,赭塔

3-1-4

3-1-4　20世纪初,中江塔,图中牌楼曾是孙中山先生莅临芜湖时的上岸之地

3-1-5

3-1-5、3-1-6
1917年，中江塔

3-1-6

3-1-7

3-1-7　1920年代,中江塔的临江面布满了吊脚楼

3-1-8

3-1-8　1930年代,城隍庙

3-1-9

3-1-9　1930年代，大成坊

3-1-10

3-1-11

3-1-10、3-1-11
20世纪初,蛟矶庙

3-1-12

3-1-12　1940年代,清真寺

3-1-13

3-1-14

3-1-13、3-1-14
1990年代,来凤门牌坊

西洋建筑

3-2-1

3-2-1　20世纪初,芜湖海关大楼

3-2-2

3-2-3

3-2-2　1920年代,长江边风貌,远处较高的建筑为芜湖海关大楼

3-2-3　1920年代,芜湖港码头上的轮船,远处较高的建筑为芜湖海关大楼

3-2-4

3-2-5

3-2-4　1920年代,太古轮船公司的栈桥式码头
3-2-5　1920年代,太古轮船公司驻芜湖办公楼

3-2-6

3-2-7

3-2-6　20世纪初,芜湖医院(今弋矶山医院)
3-2-7　1913年,芜湖医院女子宿舍楼房

3-2-8

3-2-9

3-2-8　20世纪初,天主堂,中间建筑为鹤儿山上的八角亭

3-2-9　20世纪初,天主堂远景

3-2-10

3-2-11

3-2-10　1934年,天主堂
3-2-11　20世纪初,雨耕山上的神父楼

3-2-12

3 2 13

3-2-12 1933年,芜湖圣母院

3-2-13 1911年,英驻芜领事官邸

3-2-14

3-2-14　1920年代,英驻芜领事署

3-2-15

3-2-16

3-2-15　1930年代,狮子山上的圣雅各中学(今第十一中学)

3-2-16　20世纪初,安徽私立内思高级职业学校

文教卫体

3-3-1

3-3-2

3-3-1、3-3-2
1950年代，工人俱乐部

3-3-3

3-3-3　1979年,工人俱乐部

3-3-4

3-3-5

3-3-4　1990年代,工人文化宫

3-3-5　1990年代,工人文化宫及周边

3-3-6

3-3-6　1960年代,手工业社员文化宫

3-3-7

3-3-8

3-3-7　1960年代,百花剧场

3-3-8　1950年代,中苏友好大厦

3-3-9

3-3-9　1950年代，劳动剧场

3-3-10

3-3-11

3-3-10　1960年代，大众电影院

3-3-11　1960年代，和平大戏院

3-3-12

3-3-12　1960年代,人民电影院

3-3-13　1990年代,人民电影院

3-3-13

3-3-14

3-3-14　1990年代,位于镜湖之畔的芜湖书画院

3-3-15

3-3-16

3-3-15　1950年代,安徽师范学院(今安徽师范大学)

3-3-16　1960年代,皖南大学(今安徽师范大学)

3-3-17

3-3-18

3-3-17　1970年代,安徽工农大学(今安徽师范大学)教学楼
3-3-18　1990年代,安徽师范大学

3-3-19

3-3-20

3-3-19　1960年代,皖南医学院
3-3-20　1990年代,皖南医学院

3-3-21

3-3-21　1960年代,芜湖市教育局

3-3-22

3-3-23

3-3-22　1960年代,芜湖市第一中学

3-3-23　1960年代,萃文中学竟成楼

3-3-24

3-3-24　1960年代,芜湖市第三中学

3-3-25

3-3-26

3-3-25　1960年代，芜湖市第十一中学

3-3-26　1960年代，芜湖市北京小学

3-3-27

3-3-27　1960年代,烟雨墩

3-3-28

3-3-29

3-3-28　1960年代,芜湖市第二中学
3-3-29　1990年代,芜湖市少年宫

3-3-30

3-3-31

3-3-30　1950年代,芜湖市儿童保健所
3-3-31　1960年代,芜湖市第一人民医院住院部

3-3-32

3-3-33

3-3-32、3-3-33
1970年代,芜湖市弋矶山医院

3-3-34

3-3-34　1990年代,芜湖市妇幼保健院

3-3-35

3-3-36

3-3-35 1950年代,芜湖市体育场
3-3-36 1990年代,芜湖市体育场

风光览胜

3-4-1

3-4-2

3-4-1　1930年代,芜湖公园
3-4-2　1980年代,芜湖市赭山公园东大门

3-4-3

3-4-4

3-4-5

3-4-3　1950年代,镜湖公园

3-4-4　1970年代,镜湖公园入口

3-4-5　1950年代,镜湖公园,图中建筑为镜湖餐厅

3-4-6

3-4-7

3-4-8

3-4-6、3-4-7、3-4-8
1990年代,镜湖公园

3-4-9

3-4-10

3-4-9　1984年,汀棠公园开园

3-4-10　1990年代,汀棠公园

3-4-11

3-4-11 1990年代,九莲塘公园

3-4-12

3-4-13

3-4-12　1990年代,翠明园
3-4-13　1990年代,神山公园入口

工商履痕

　　新中国成立后，芜湖造船、钢铁、锅炉、化工、机电、仪表、造漆、玻璃、卷烟、制药、食品、木材等生产企业相继建成投产，迅速拉动了城市经济的发展。

　　到改革开放初期，芜湖纺织工业门类已基本齐全。除了规模较大的纺织厂、丝绸厂、印染厂、整染厂，还有针织厂、毛纺织厂、棉毛纺织厂、麻纺织厂、苎麻纺织厂、织布厂、色织布厂、宽幅布厂、帆布厂、篷布厂，以及被单厂、毛巾厂、灯芯绒厂、丝绒厂、童毯厂、织带厂、制线厂、捻线厂、棉织厂、棉花厂、药棉厂等三十余家中小企业。所有相关产业从业人员约占全市产业工人总数的二分之一。

　　芜湖工业发展同时带动了商贸的繁荣。涌入第一百货公司、百货大楼、中江商场、新百大厦的消费者，人头攒动，摩肩接踵。鸠江饭店、芜湖饭店、四季春、耿福兴等饭店酒楼，生意兴隆，顾客盈门。城市的每一个角落都呈现出欣欣向荣的景象。

工业掠影

4-1-1

4-1-1　1950年代，芜湖明远电厂

4-1-2

4-1-2　1958年,芜湖明远电厂办公楼

4-1-3

4-1-4

4-1-3、4-1-4
1950年代,芜湖纺织厂

4-1-5

4-1-6

4-1-5　1930年代，益新面粉厂

4-1-6　1980年代，益新面粉厂

4-1-7

4-1-8

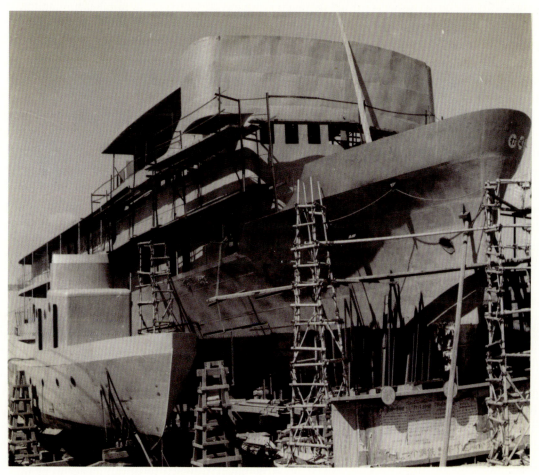

4-1-9

4-1-7、4-1-8、4-1-9
1950年代,芜湖造船厂

4-1-10

4-1-10　1950年代,芜湖造船厂职工宿舍

4-1-11

4-1-12

4-1-11　1958年,四褐山工业区
4-1-12　1958年,芜湖东方纸版厂职工宿舍区

4-1-13

4-1-13　1960年代,芜湖市预制厂

4-1-14

4-1-15

4-1-16

4-1-17

4-1-14、4-1-15、4-1-16、4-1-17
1960年代,芜湖市光华玻璃厂

4-1-18

4-1-19

4-1-20

4-1-21

4-1-18、4-1-19、4-1-20、4-1-21
1960年代,芜湖钢铁厂

4-1-22

4-1-23

4-1-22、4-1-23
1960年代,芜湖联盟化肥厂

4-1-24

4-1-25

4-1-24 1960年代,芜湖林业联合加工厂轮渡车间
4-1-25 1960年代,芜湖林综厂

4-1-26

4-1-27

4-1-26　1960年代,芜湖南关水厂
4-1-27　1960年代,芜湖二水厂

4-1-28

4-1-29

4-1-28　1960年代,芜湖一水厂沉淀池
4-1-29　1960年代,芜湖一水厂洗砂池

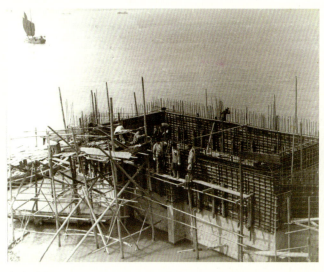

4-1-30

4-1-31

4-1-32

4-1-30　1981年,芜湖一水厂五万吨取水泵房正在施工

4-1-31　1981年,芜湖二水厂的水力循环澄清池

4-1-32　1990年代,芜湖一水厂

4-1-33

4-1-34

4-1-33　1990年代，芜湖茶厂
4-1-34　1990年代，芜湖电表厂

4-1-35

4-1-36

4-1-35　1990年代，芜湖锅炉厂
4-1-36　1990年代，芜湖纺织厂

4-1-37

4-1-38

4-1-37　1990年代,芜湖火柴厂
4-1-38　1990年代,芜湖卷烟厂

4-1-39

4-1-40

4-1-39　1990年代,芜湖汽车发动机厂
4-1-40　1990年代,芜湖市奔达汽车厂

4-1-41

4-1-42

4-1-41、4-1-42
1990年代,芜湖市凤凰造漆厂

4-1-43

4-1-44

4-1-43　1990年代,芜湖市红光针织厂
4-1-44　1990年代,芜湖市化工厂

4-1-45

4-1-46

4-1-45　1990年代,宣城地区金属材料公司
4-1-46　1990年代,芜湖市粮食加工厂

4-1-47

4-1-48

4-1-47　1990年代,芜湖木材厂
4-1-48　1990年代,芜湖市冶炼厂

4-1-49

4-1-50

4-1-49　1990年代,芜湖市弋江酒厂
4-1-50　1990年代,芜湖市永康食品厂

4-1-51

4-1-52

4-1-51　1990年代,芜湖天河羽绒厂
4-1-52　1990年代,芜湖市微型电机厂

4-1-53

4-1-54

4-1-53   1990年代,芜湖洗涤剂厂
4-1-54   1990年代,芜湖仪表厂

4-1-55

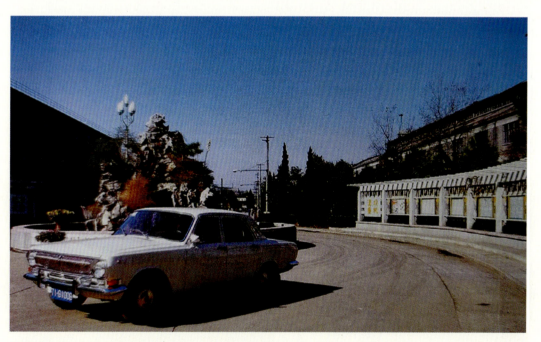

4-1-56

4-1-55　1990年代,芜湖市制药厂
4-1-56　1990年代,芜湖重型机床厂

4-1-57

4-1-58

4-1-57、4-1-58
1990年代,裕溪口贮木场

商业兴盛

4-2-1

4-2-2

4-2-1、4-2-2
1950 年代，鸠江饭店

4-2-3

4-2-4

4-2-3　1959年,鸠江饭店

4-2-4　1980年代,鸠江饭店

4-2-5

4-2-6

4-2-7

4-2-5、4-2-6、4-2-7
1950年代,芜湖市百货大楼

4-2-8

4-2-9

4-2-8　1980年代,芜湖市百货大楼

4-2-9　1990年代,芜湖市百货大楼

4-2-10

4-2-11

4-2-10　1960年代,芜湖市第一百货商店

4-2-11　1990年代,芜湖市第一百货商店

4-2-12

4-2-13

4-2-14

4-2-12　1960年代,芜湖市蔬菜公司门市部

4-2-13　1960年代,芜湖市大砻坊综合门市部

4-2-14　1960年代,芜湖市西花园菜市场

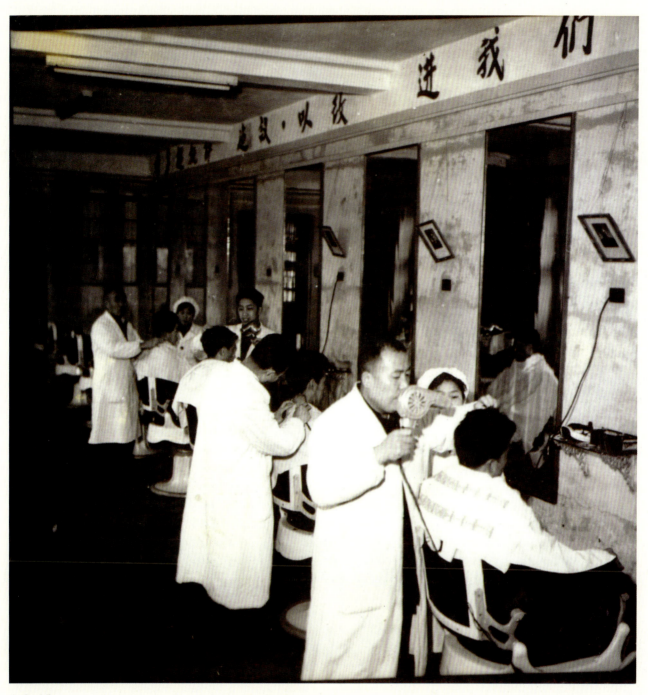

4-2-15

4-2-15 1970年代,芜湖市凤凰理发店

4-2-16

4-2-17

4-2-16、4-2-17
1980年代，芜湖市张恒春药店

4-2-18

4-2-19

4-2-18　1984年,芜湖米市重新开业的盛况
4-2-19　1990年代,芜湖米市

4-2-20

4-2-21

4-2-20、4-2-21
1990年代,同庆楼酒店

4-2-22

4-2-23

4-2-24

4-2-22　1990年代,四季春酒店

4-2-23　1990年代,耿福兴酒店

4-2-24　1990年代,五香居食品贸易公司

4-2-25

4-2-26

4-2-25　1995年,芜湖南京新百大厦开业
4-2-26　1990年代,芜湖南京新百大厦

4-2-27

4-2-28

4-2-27　1990年代,九华山路地下人行通道
4-2-28　1990年代,中江商场

4-2-29

4-2-29　1990年代,建设中的物资大厦

4-2-30

4-2-30 1990年代,建材大厦

4-2-31

4-2-32

4-2-31　1990年代,镜湖餐厅

4-2-32　1990年代,菜香楼饭店

4-2-33

4-2-33　1990年代,芜湖大世界批发市场

4-2-34

4-2-34　1990年代,华联商厦

后　记

　　为了挖掘城市文化内涵，彰显本土文化底蕴，弘扬地域文化特色，打造历史文化名城，本书编写组经过近一年的多次讨论与反复修订，终于编纂完成本书，即将付梓。书中汇集的老照片，题材多样、内容广泛，涵盖工业、商业、医院、学校、公园，以及道路、水利等城市公共事业等方方面面。通览全书可了解百年来芜湖城市规模、基础设施建设以及市容市貌的发展变化。

　　《芜湖老照片》一书由芜湖市住房和城乡建设局、芜湖市档案馆、中共芜湖市委党史和地方志研究室、芜湖市城建档案馆共同策划出版。书中展示的老照片许多由城建档案馆提供。这些照片真实记录了新中国成立后，芜湖城市基础设施建设的大致状况，为考证有关史实提供了可靠的证据。书中还有部分照片由芜湖市档案馆提供，无疑增加了本书的内容的丰富性、可读性。

　　本书内容虽不是大而全，但其是窥斑见豹、充满乡情、感恩时代的用心之作。

　　由于年代久远，有些老照片的拍摄地点与画面中的主体建筑究竟是何单位已经难以辨认，原拍摄者大多不详。为了尊重历史原貌，为了少留遗憾，编者为此做了大量的考证，部分污损严重的照片编者亦已做了最大可能的修复。在此，谨对所有给予本书帮助与支持的单位、同志和原拍摄者表示衷心的感谢！

　　由于时间匆忙，加之水平所限，疏漏和错误之处在所难免，敬请广大读者予以批评指正。

编　者

2023 年 11 月 18 日